Marathi Consonants/Alphabets

मराठी व्यंजन

Picture Book with English Translations

This is a beautiful book for children of ages 4+ to learn Marathi Alphabets

A perfect Marathi Alphabets (Devanagari script) Book with Alphabet, Words and Pictures with English Translations.

- ➢ *The book details each of the 36 Marathi Alphabets - Consonants, the English phonetics, the commonly used word in Marathi, its associated English word for easy understanding and reference with pictures.*
- ➢ *Picture book details all* **36 Marathi Consonants/Alphabet letters (Devanagari Scripts) with 4 page per Alphabet** *to practice writing and letter tracing along with* **guiding directions on how to trace them**
- ➢ **146 Black and White pages,** *providing amble space for kids to practice letter tracing*
- ➢ *The book is created to help teach the alphabet to beginners. Arrows and dots are included to help teach the stroke order.*
- ➢ *Premium color cover design*
- ➢ *Printed on high quality perfectly sized pages at 8.5x11 inches Black and White pages*

Help us out

We are a small business, and your brief review could really help us. The following link will take you to the **Amazon.com** review page for this book

vapari.page/reviews/5

We appreciate your feedback & support, and sincerely hope to serve better.

Marathi Consonants Alphabets/Letters
मराठी व्यंजन

क	ख	ग	घ	ङ
च	छ	ज	झ	ञ
ट	ठ	ड	ढ	ण
त	थ	द	ध	न
प	फ	ब	भ	म
य	र	ल	व	श
	ष	स	ह	ळ
	क्ष	ज्ञ		

ka

KamaL

कमळ

[Lotus]

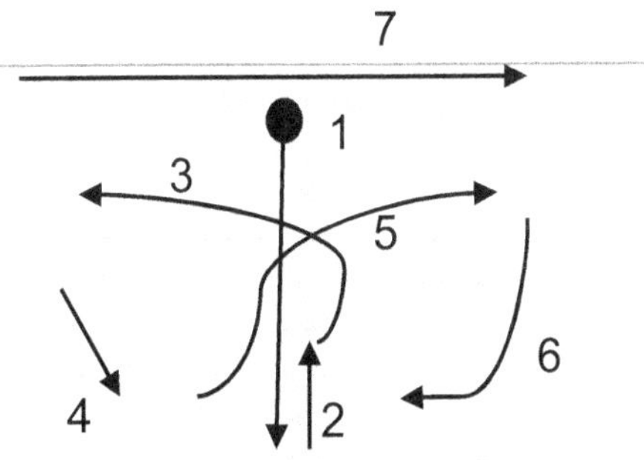

ख

kha

Khadu

खड़ू

[Chalk]

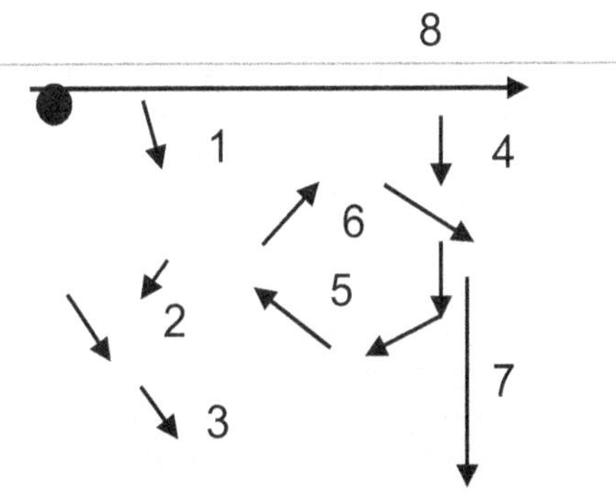

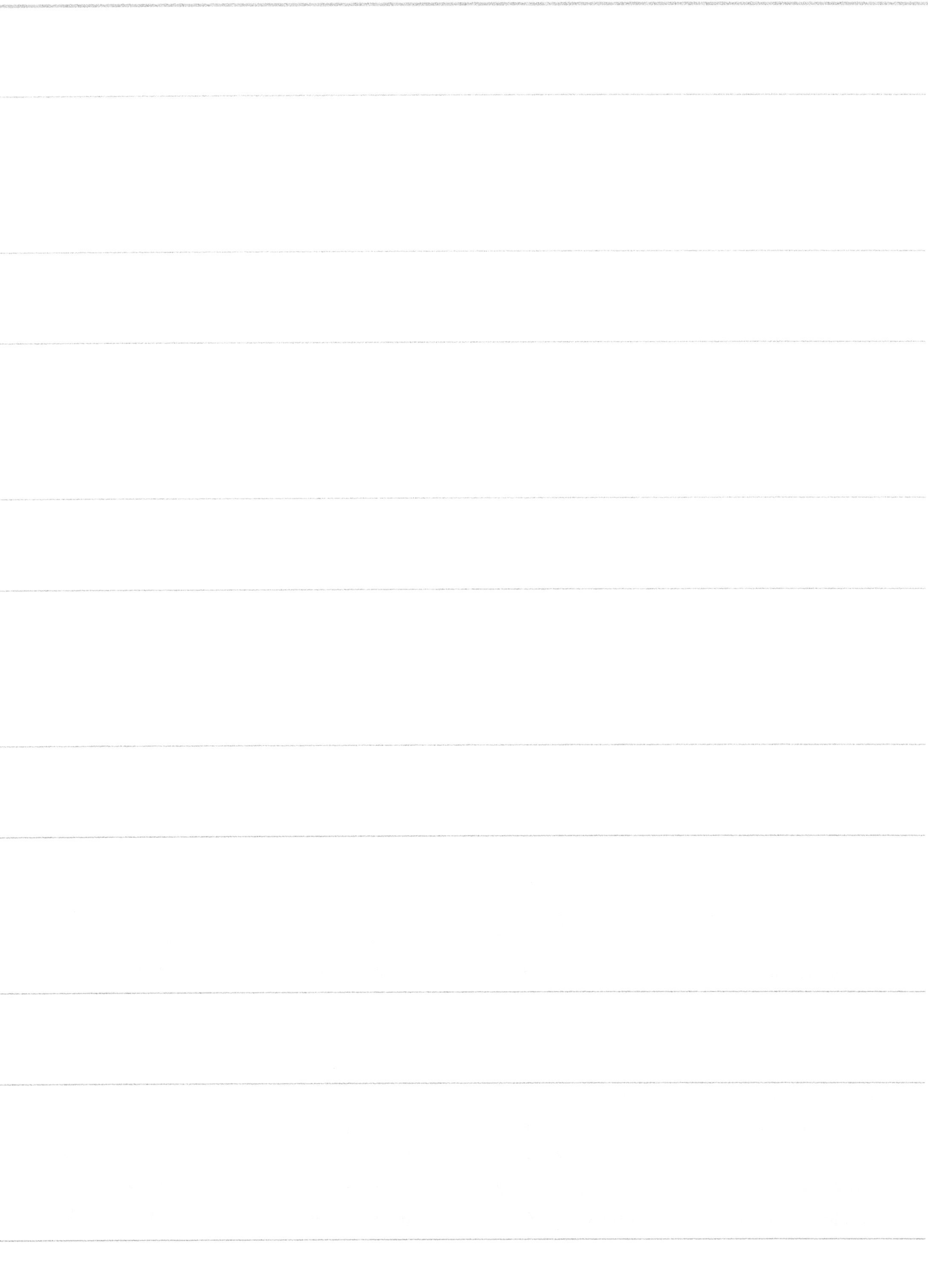

ग

Ga

Ganapathi

गणपती

[Ganapathi]

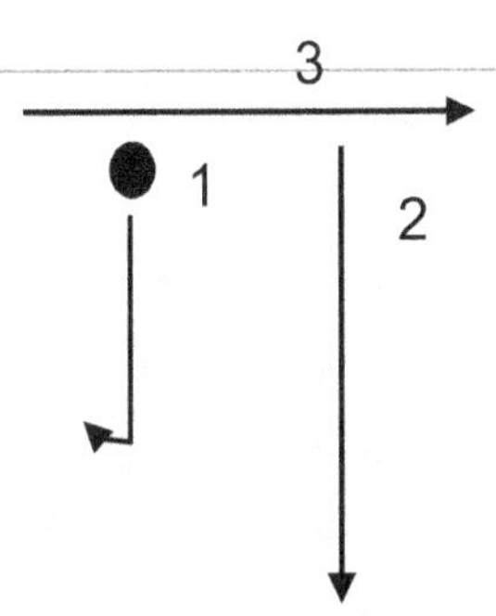

Ghar

[House]

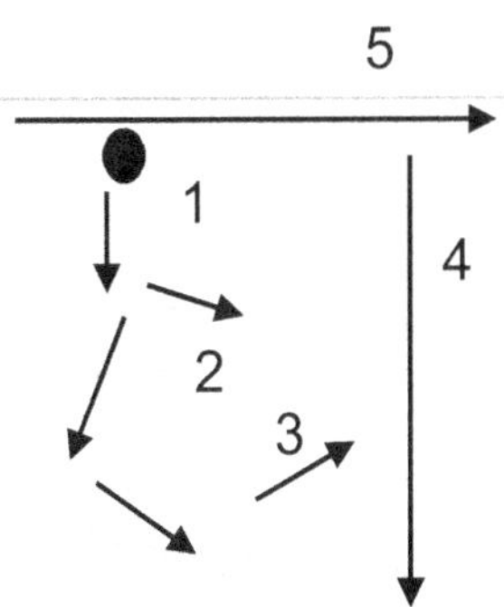

ड़ nGa

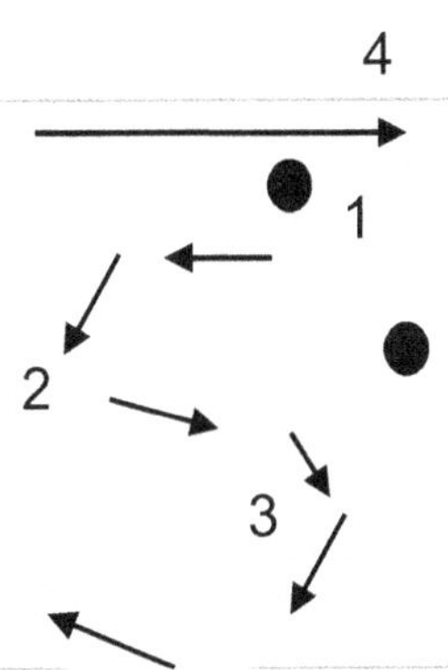

 cha

Chamcha

चमचा

[Spoon]

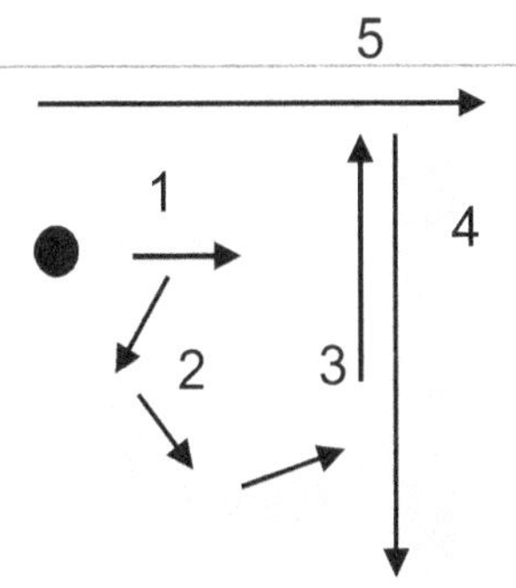

Cha

Chatri

छत्री

[Umbrella]

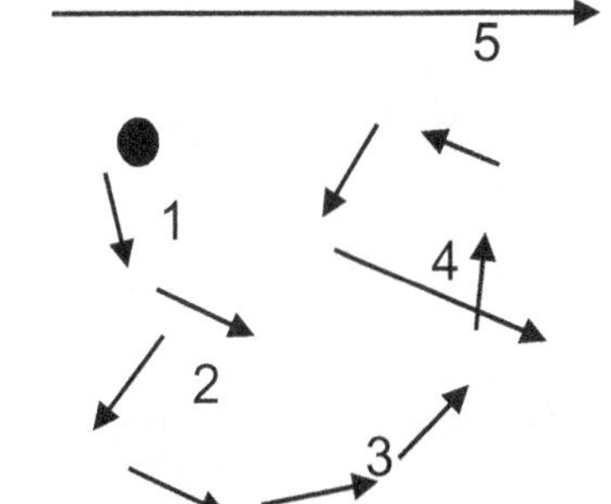

ज
Ja

जहाज

[Ship]

Jahaz

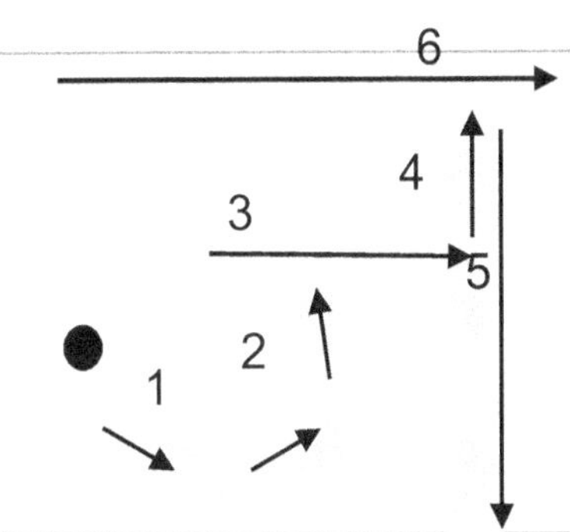

झ **Jha**

Jhaga

झगा

[Frock]

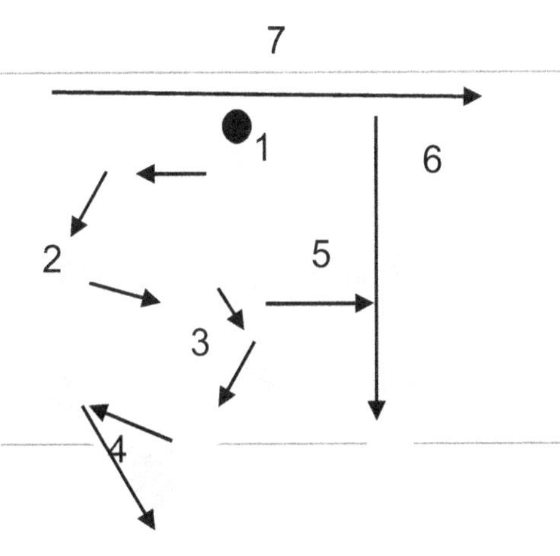

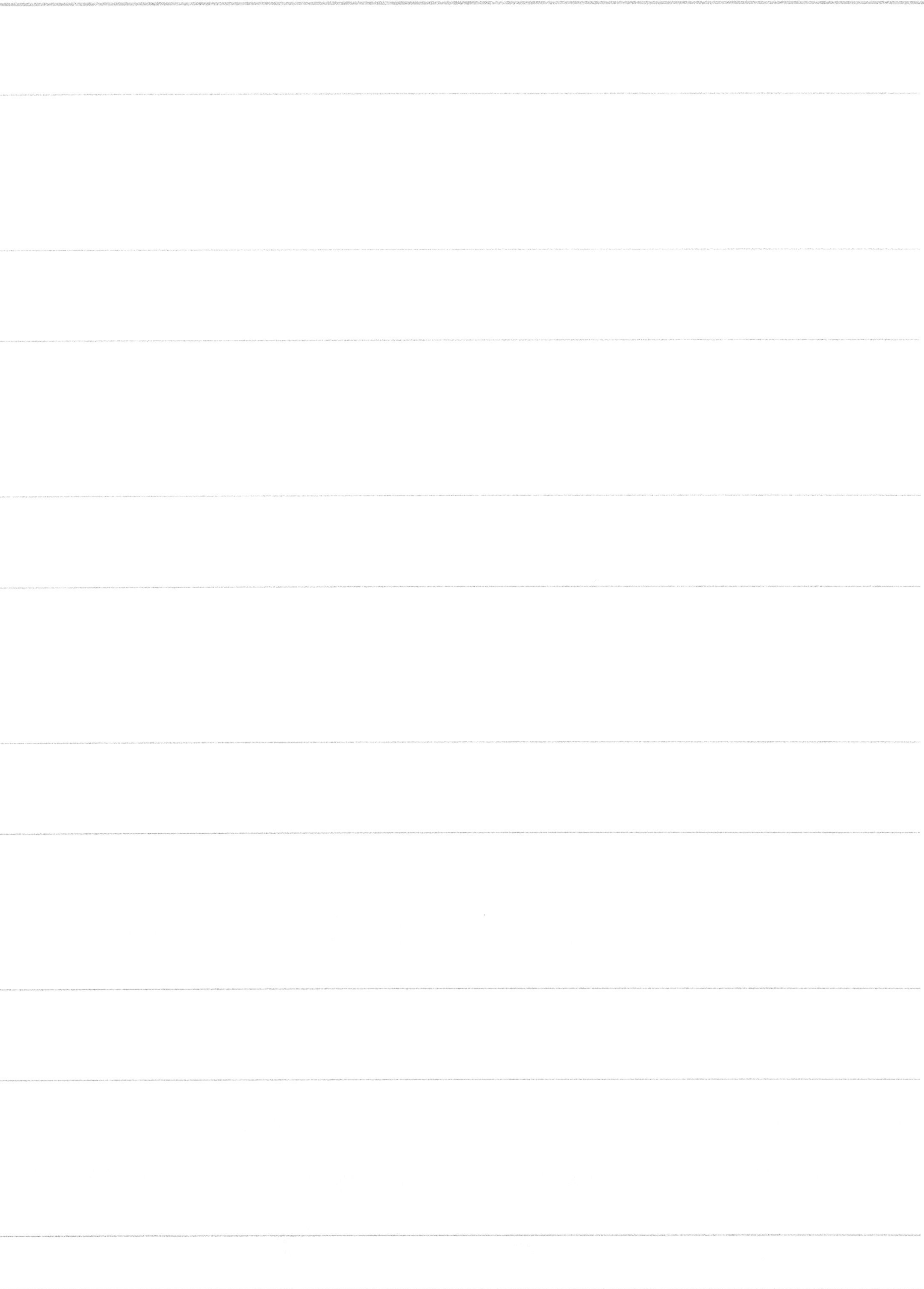

अ

nja

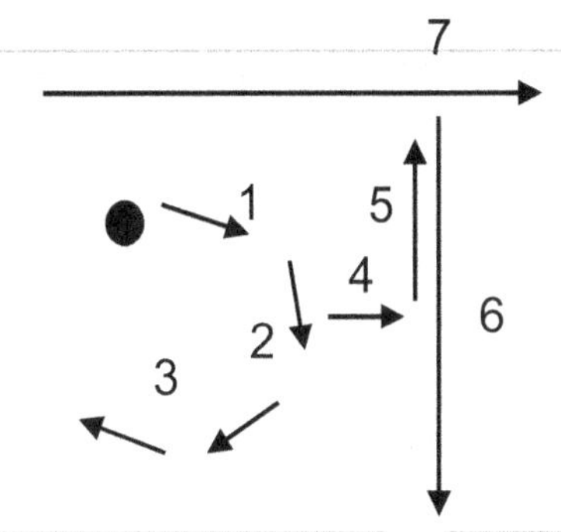

ट ta

Tapalpeti

टपालपेटी

[Postbox]

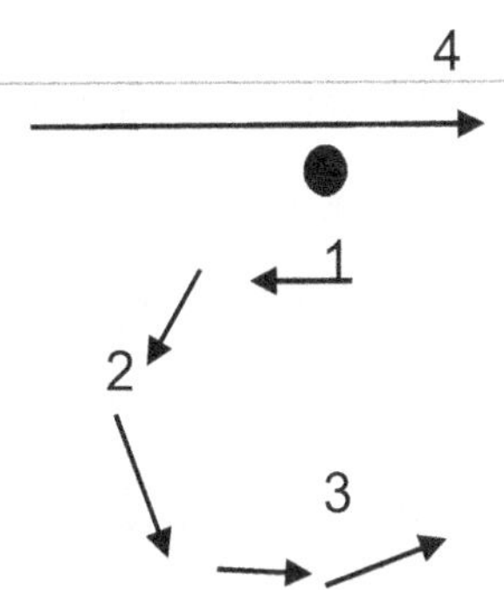

ठ

Ta

Tasa

ठसा

[Rubber Stamp]

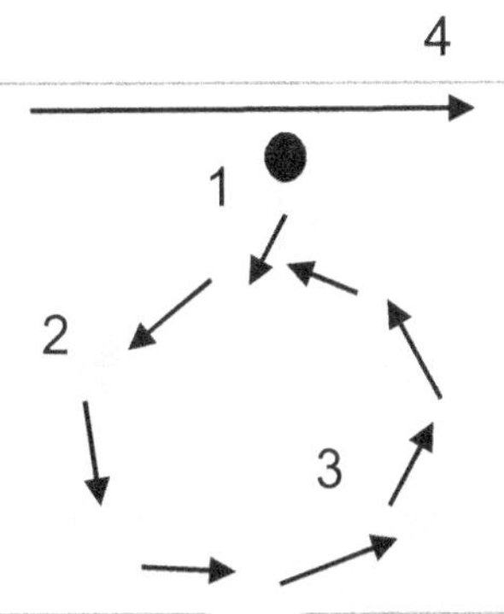

ड
Da

Daba

डबा
[Box]

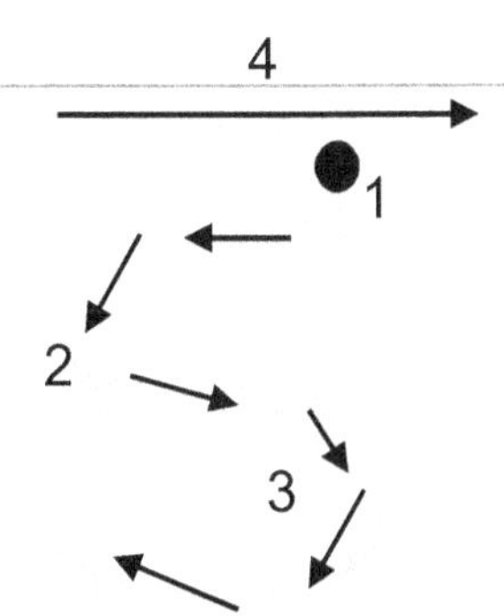

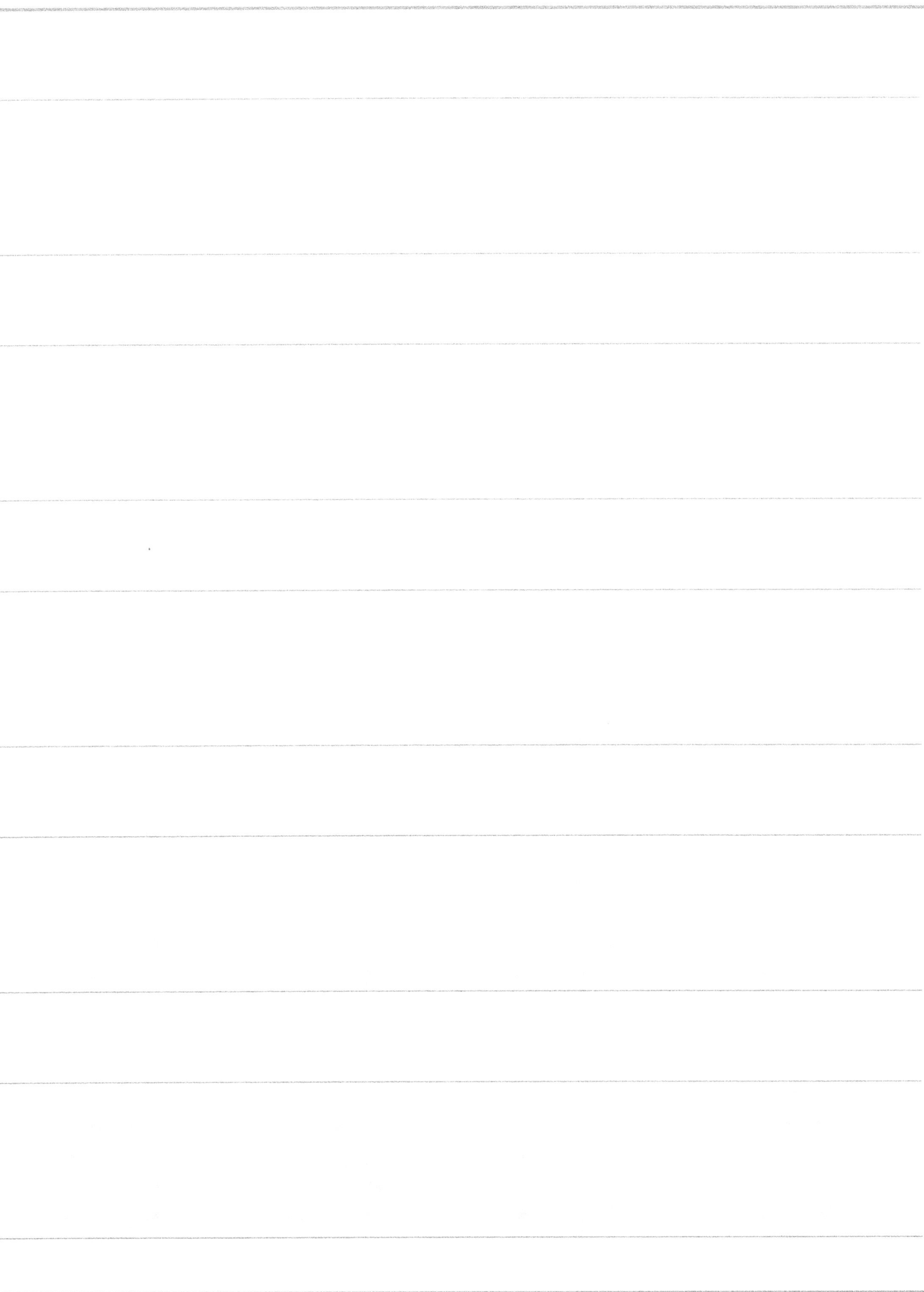

ढ dha

Ḍhaga

ढग

[Cloud]

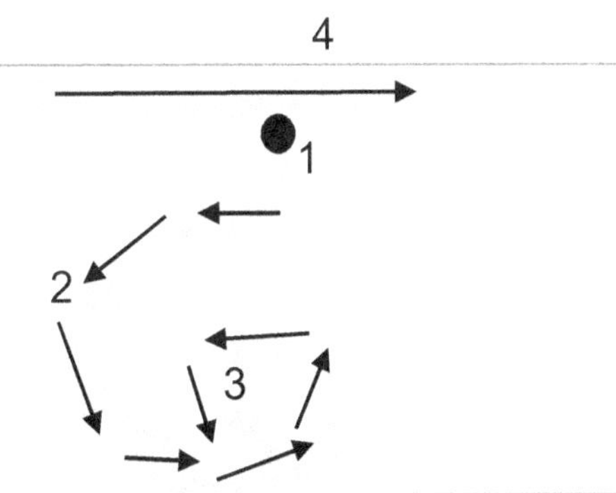

na

Baana

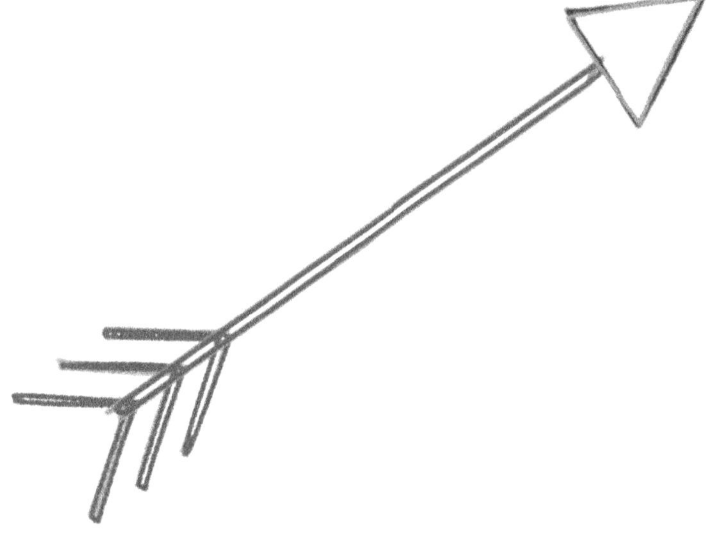

बाण

[Arrow]

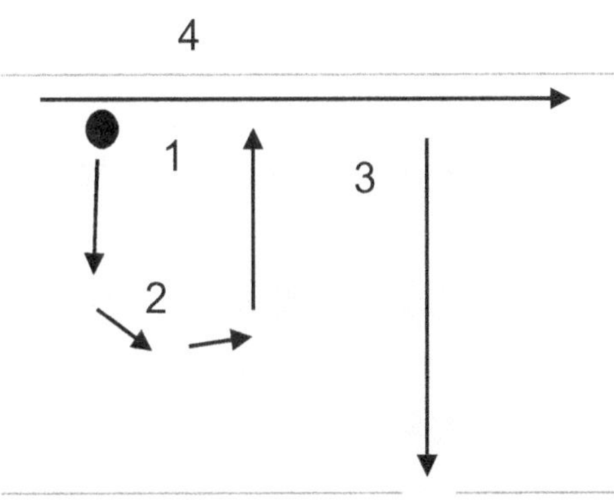

त
tha

तराजू
[Scales]

Taraju

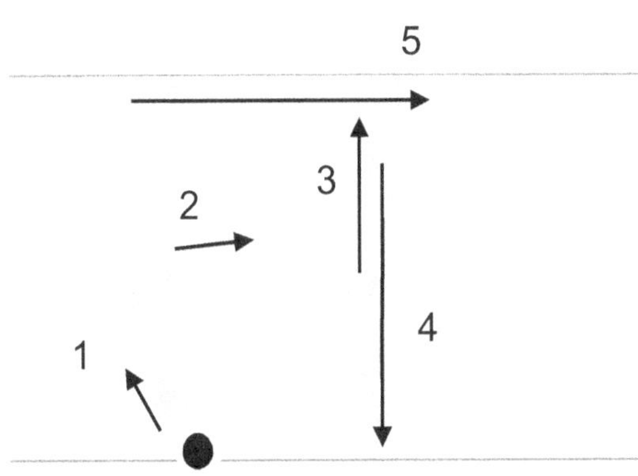

थ

Tha

Thawa

थवा

[Flock]

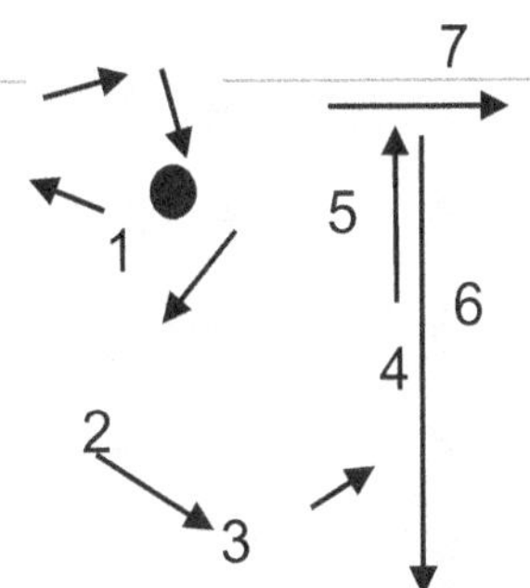

द da

दऊत

[Ink]

Dhavot

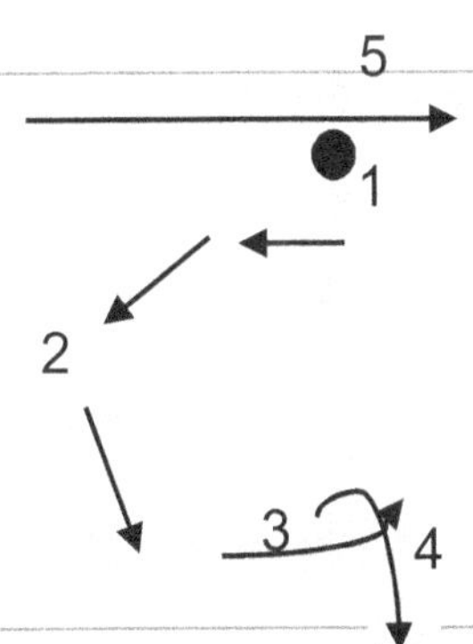

ध dha

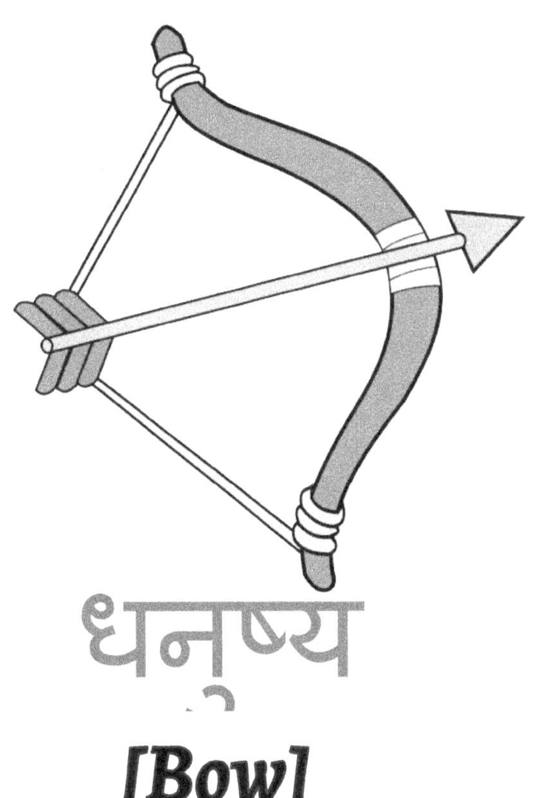

धनुष्य

[Bow]

Dhanushya

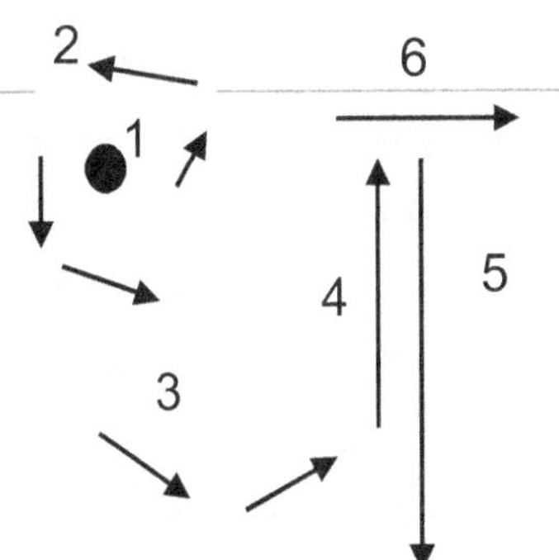

Na

Nal

नल

[Tap]

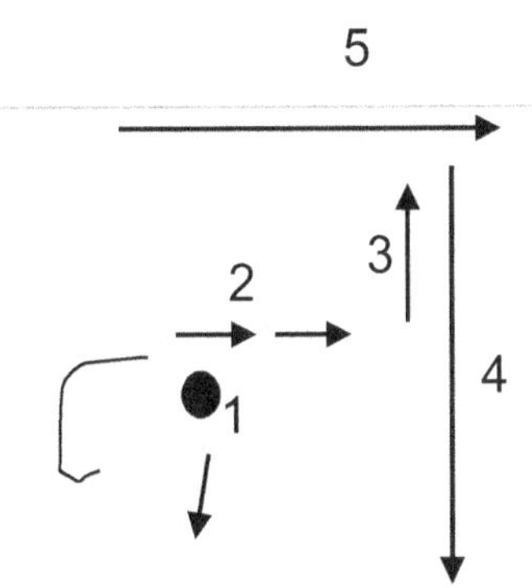

प

Pa

Pathang

पतंग

[Kite]

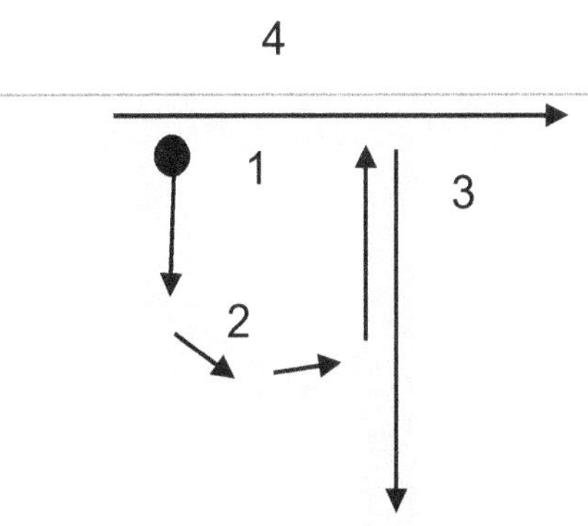

फ
pha

Phaṇas

फणस

[Jack Fruit]

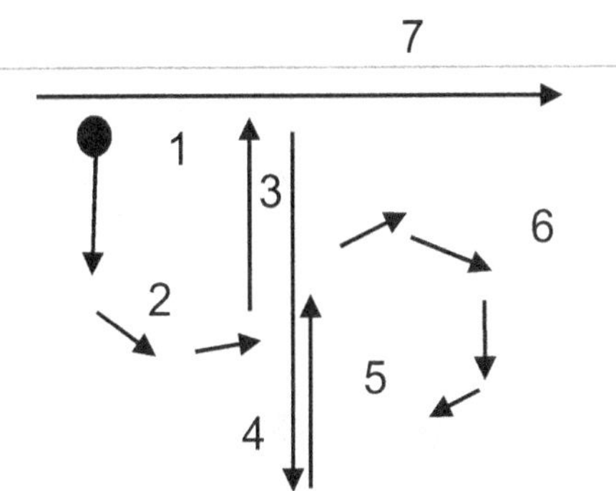

Ba

Badaka

बदक

[Duck]

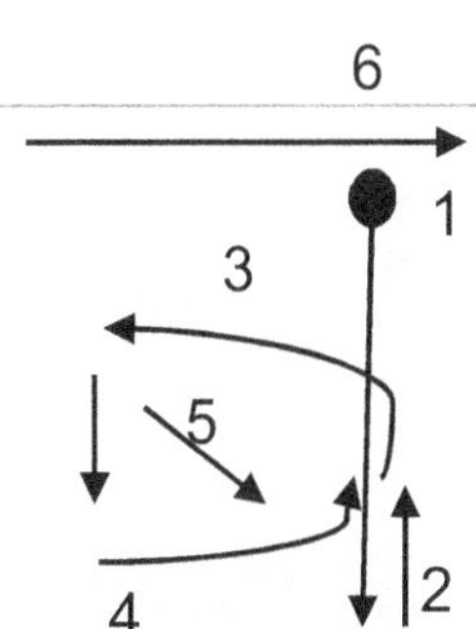

भ

Bha

Bhatagi

भटजी

[Priest]

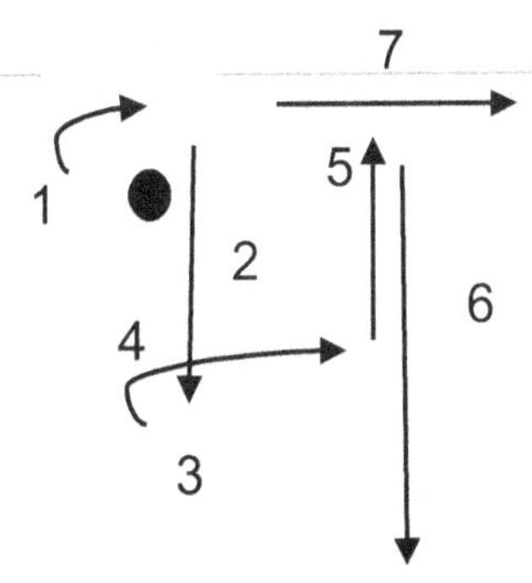

म
Ma

Magar

मगर

[Crocodile]

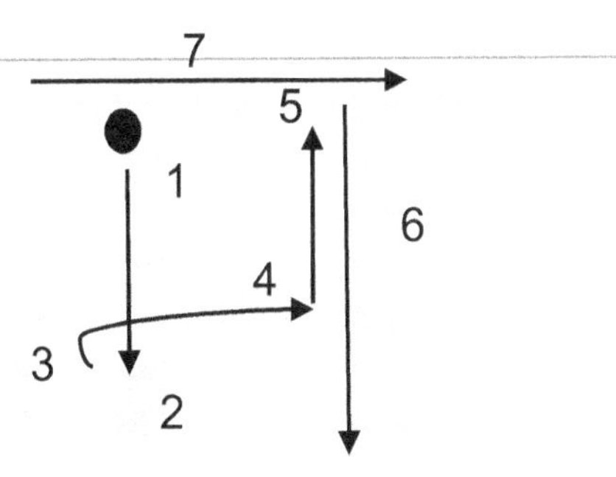

ya

Yangya

यज्ञ

[Holy Fire]

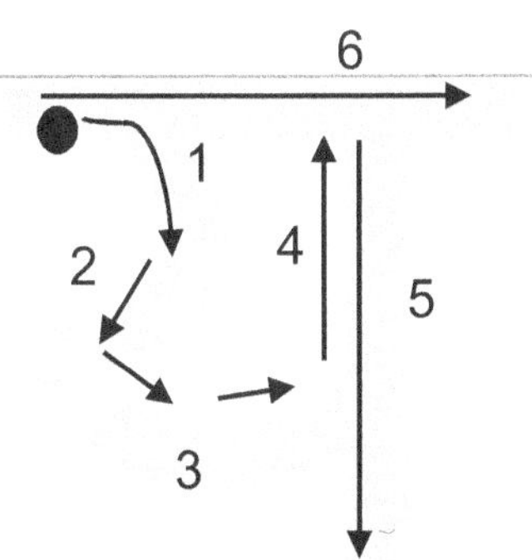

Ra

Rathri

रात्री

[Night]

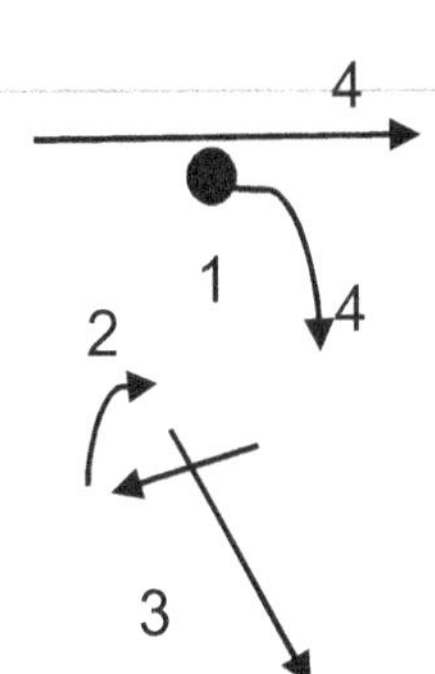

La

Lasuna

लसूण
[Garlic]

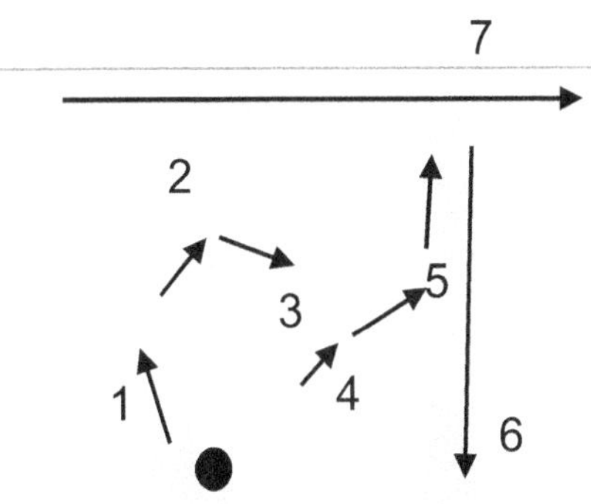

व
va

Vajan

वजन

[Weight]

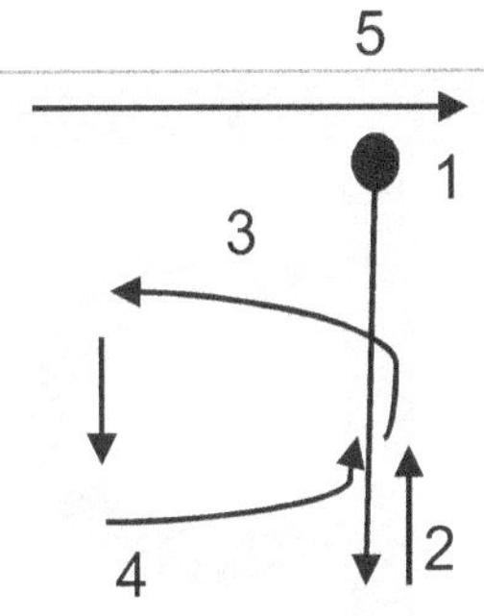

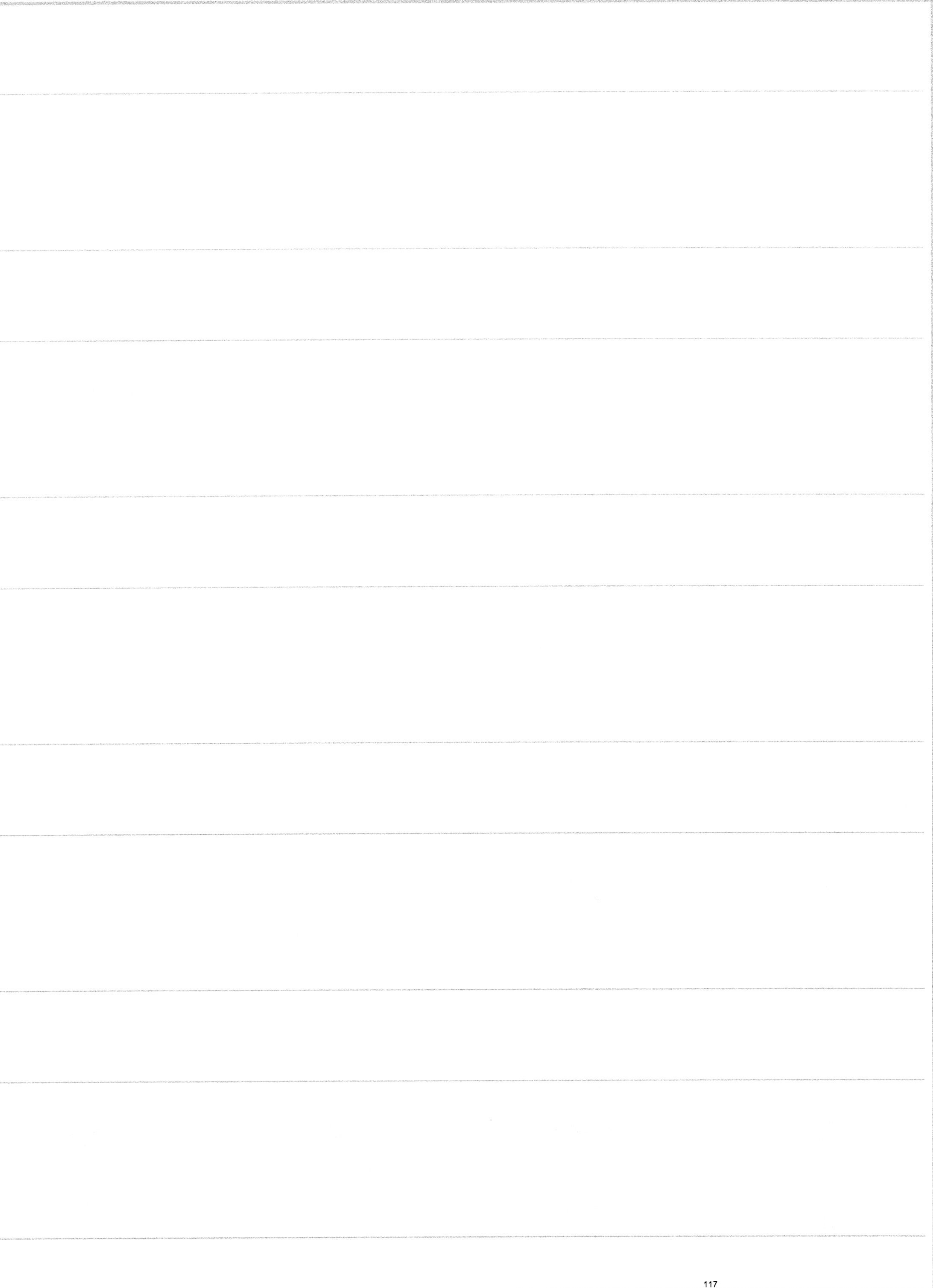

शा
Sha

Shahamurg

शहामृग
[Ostrich]

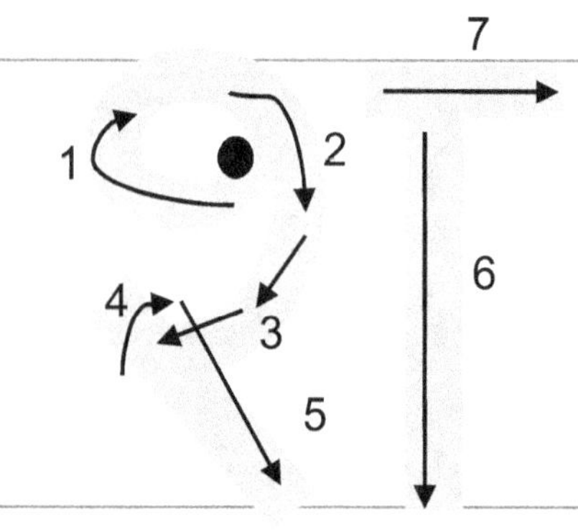

[Hexagon]

Shathakaun

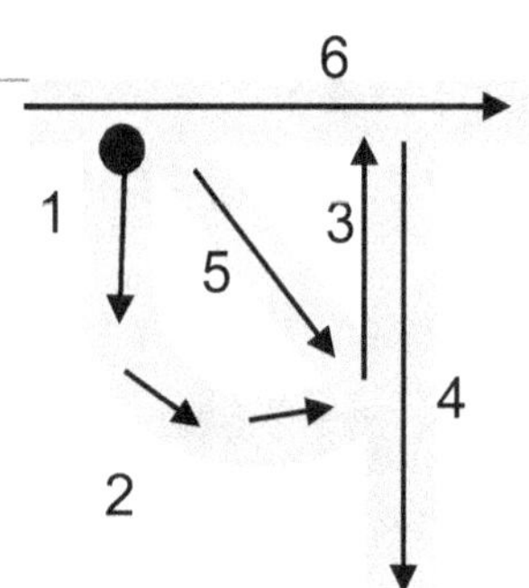

Sa

Sassa

ससा

[Rabbit]

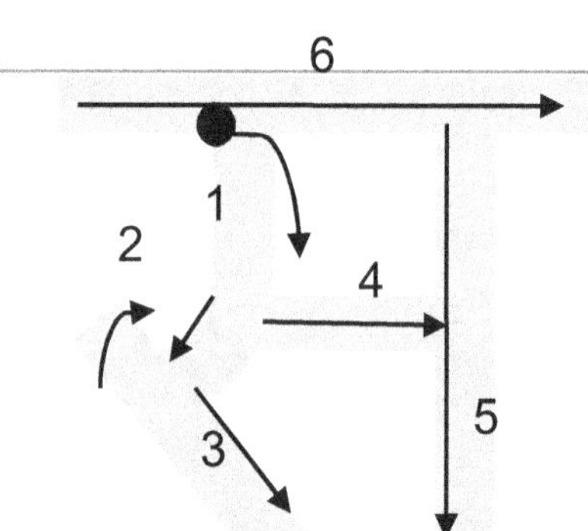

Ha

Hatti

हत्ती

[Elephant]

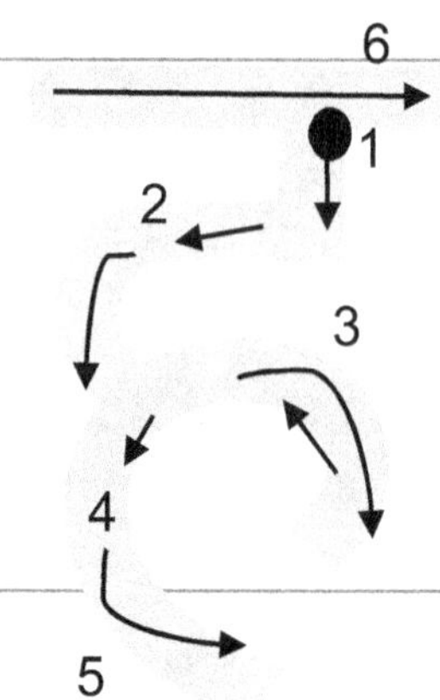

ಳ _L

कमळ

KamaL

[Lotus]

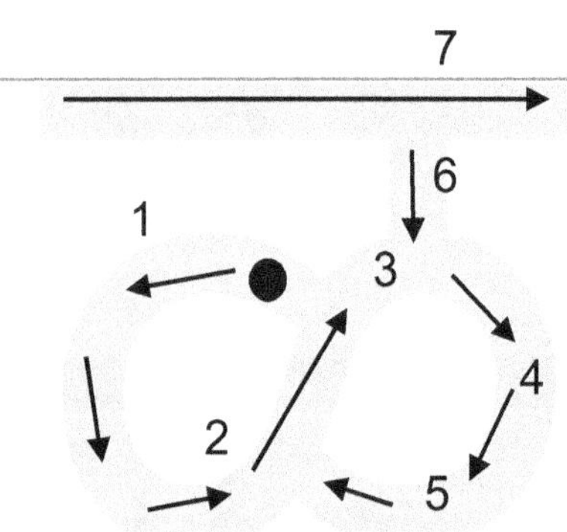

क्ष **ksha**

क्षत्रिय

[Royal Warrior]

kshathriya

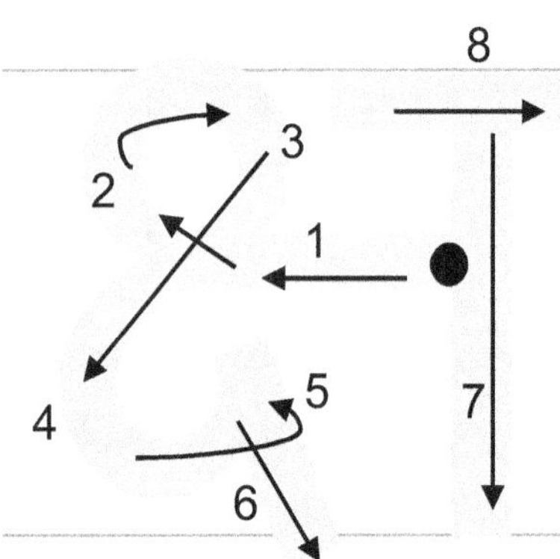

ज **nJa**

nJan

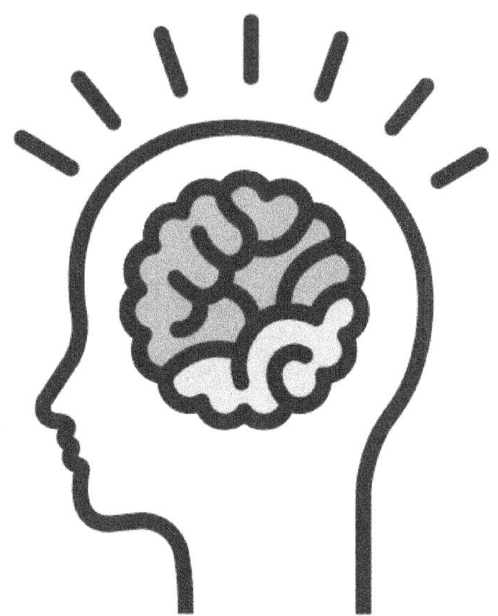

ज्ञान

[Knowledge]

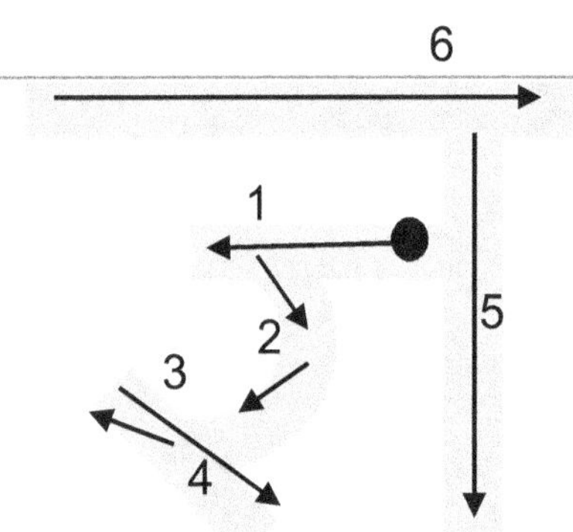

Marathi Consonants Alphabets/Letters
मराठी व्यंजन

क	ख	ग	घ	ङ
च	छ	ज	झ	ञ
ट	ठ	ड	ढ	ण
त	थ	द	ध	न
प	फ	ब	भ	म
य	र	ल	व	श
ष	स	ह	ळ	
क्ष	ज्ञ			